첫 번째
토비아
순례캠프
TOBIA pilgrimage
Camp

하나님이 부르세요

부르심편

저자 조문섭
그림 강민준

도서출판사 TOBIA

토비아 순례캠프 교재를 발간하며

김덕진 목사 토비아선교회대표

토비아 순례캠프 시리즈는 토비아 선교회에서 진행하는 국내순례 콘텐츠와 연계되어 구성되었습니다. 토비아 국내 순례는 다음과 같습니다.

서울 남산과 정동일대를 중심으로 종교의 의미와 초기 선교사들의 활동

강화 강화도의 감리교회와 대한성공회의 시작과 성장 탐방

남도 미국 남장로교 7인의 선교사를 중심으로 이루어진 남도 선교 탐방

증도 문준경 전도사의 신안 섬 전도사역 및 순교지 탐방

영남 베어드와 아담스 선교사의 내륙 순회 사역 탐방

제주 제주 선교의 시작과 근대사에서 교회의 역할 탐방

<토비아 순례캠프>는 토비아의 국내 순례지 체험을 토대로 성경을 공부하고 나누는 것을 목적으로 만들어진 교재입니다. 본 교재는 신앙의 다음세대가 단순히 성경 지식만 얻는 것이 아니라 각 순례지의 이야기를 통해 얻은 지혜와 통찰을 통합하여 보다 나은 믿음의 삶을 세울 수 있도록 인도하는 교재입니다. 교재는 총 세 권의 시리즈로 구성되어 있습니다.

<토비아 순례캠프> 교재는 기본적으로 하나님께서 당신의 백성들을 부르셔서 당신의 백성으로 세우시고 이방으로 복음을 들고 나가게 하신다는 삼중 패턴을 기반으로 구성되어 있습니다. 그래서 교재는 "부르심"과 "세우심" 그리고 "보내심"의 세 권으로 구성되어 있습니다. 각 교재는 핵심 주제와 관련된 성경 이야기와 순례지 역사 이야기 등 두 개의 스토리를 먼저 나누고, 이어서 순례 체험으로 더불어 배움을 심화할 수 있는 '순례 코칭'의 순서로 구성되어 있습니다. 1권 『하나님이 부르세요』 교재는 하나님의 부르심에 '결단'하고, '변화'하며, 새로운 삶으로 '도전'하는 것을 주제로 다루고 있습니다. 2권 『하나님이 세우세요』 교재는 하나님의 백성으로 서는 가운데 '사랑'과, '열정', '인내'를 품게 되는 것을 배우게 됩니다. 마지막으로 3권 『하나님이 보내세요』 교재는 보냄 받은 현장으로 가서 거기서 '헌신'하고, '희생하며', '섬기는' 삶을 사는 것을 주제로 담고 있습니다. 이제 "토비아 순례캠프" 교재와 더불어 교회와 가정은 다양한 순례캠프를 기획하실 수 있습니다. 토비아는 이와 관련해 각 교회가 실제로 사용할 수 있는 프로그램 및 운영 자료들을 제공할 예정입니다. 필요한 사항이 있으시면 언제든 토비아로 연락 주시기 바랍니다.

하나님의 선교가 처음 아브라함에 의해 시작된 이래로 복음이 세상에 전파되는 과정에는 많은 고난과 어려움이 있었습니다. 토비아가 제공하는 순례와 순례캠프를 통해 우리 어린이들이 하나님의 사랑과 복음이 세상에 전파된 이야기를 배우고 스스로 복음 전파를 위한 결단과 열정, 그리고 헌신의 삶을 살게 되기를 바랍니다. 여러분의 교회와 사역의 큰 부흥을 토비아의 사역으로 돕겠습니다.

토비아 순례캠프 교재
이렇게 활용하세요!

● 토비아 순례캠프 "하나님이 부르세요" 구성 및 진행

  1. **외울말씀** 성경구절을 찾아 적고 암송하기

  2. **성경이야기** 성경의 이야기 듣기 & 소리내어 읽기

  3. **순례이야기** 순례지의 이야기 듣기

  4. **순례코칭** 질문에 답해보기

토비아홈페이지
토비아홈페이지에서
더많은 토비아의 자료와 콘텐츠를
만나실 수있습니다.

● 토비아 순례캠프 활동자료 활용

  1. 각 과에 제시되는 활동자료를 토비아 홈페이지에서 확인합니다. (PDF 자료 다운로드)

  2. 순례지에서 직접 활동을 합니다.

  3. 성경공부와 활동을 중심으로 진행하는 방법과 국내순례를 포함한 순례캠프
     프로그램으로 활용 가능합니다. (자세한 내용은 맨 뒷면 참조)

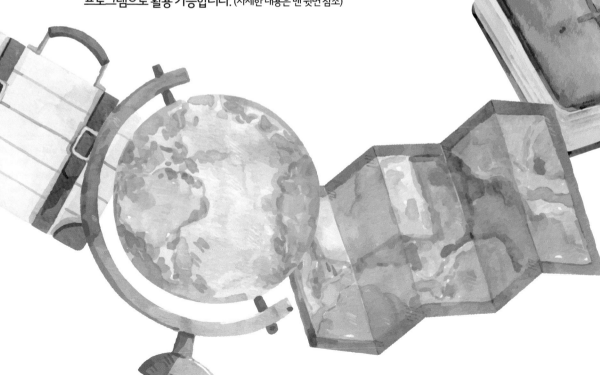

토비아 순례캠프 **하나님이 부르세요**

저자 조문섭

조문섭 목사는 오랫동안 교회현장에서 기독교교육과 교육목회 전문목회자로 사역했다. 기독교대한성결교회 다음세대 성경공부교재 집필과 교육프로그램을 개발하는 일에 헌신했다. 현재는 토비아선교회의 순례 및 순례프로그램과 교육교재 개발 그리고 순례 사역자양성에 헌신하고 있다.

첫 번째 토비아 순례캠프

하나님이 부르세요

1판 1쇄: 2024년 1월 29일

저　자: 조문섭
편　집: 오인표
디자인: 오인표
그　림: 강민준
펴낸이: 강신덕
펴낸곳: 도서출판 토비아
등　록: 107-28-69342
주　소: 03383) 서울시 은평구 은평로 21길 31-12, 4층
　　　　T 02-738-2082 F 02-738-2083

SET ISBN: 979-11-91729-22-1　04230
　　ISBN: 979-11-91729-23-8　04230

CONTENTS

1과 부르심에 결단하다

배울 말씀 : 창세기 12장 1~9절
외울 말씀 : 창세기 12장 4절

성경에서 알맞은 단어를 찾아 빈 칸을 채워
창세기 12장 4절 말씀을 완성하고 함께 외워요.

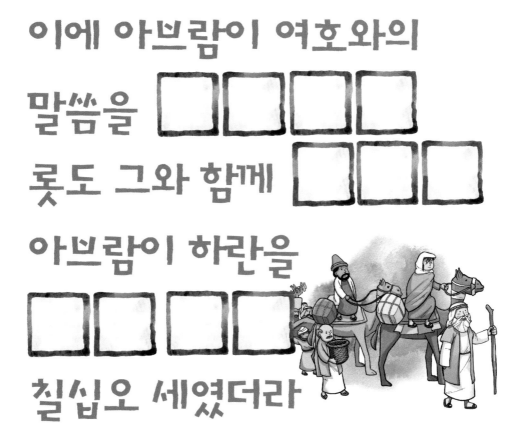

이에 아브람이 여호와의

말씀을 □□□□

롯도 그와 함께 □□□

아브람이 하란을 □□□□

칠십오 세였더라

창세기 12장 4절

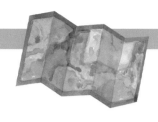

네 지금 떠나겠습니다!

고향을 떠나, 하란으로 이사한 아브라함과 가족들은 그 곳에서 행복하기를 바랐어요.

그러나 아브라함은 하란에서 사는 동안 많은 슬픈 일을 겪었어요.

아브라함은 사랑하는 아내 사라와 결혼을 했지만, 오랫동안 자녀가 없었어요.

자녀는 하나님이 주시는 가장 큰 복이었는데 자녀가 없는 아브라함과 사라는 많이 슬펐어요.

또 아브라함은 늘 가족을 이끌어 주시던 아버지께서 돌아가시게 되어 더 큰 슬픔에 빠졌어요.

"아브라함아~아브라함아~"

어느 날, 슬픔에 빠진 아브라함을 하나님께서 부르셨어요.

"너는 고향과 친척, 그리고 아버지의 집을 떠나 내가 네게 보여 줄 땅으로 가라!"

"네? 떠나라고요? 여기 하란에서 잘살고 있는데 왜요?"

"내가 너로 큰 민족을 이루고 네게 복을 주어 네 이름을 창대하게 하리니 너는 복이 될지라"

"네? 저는 자녀도 없는데 어떻게 민족을 이룹니까? 저는 복이 없는 사람입니다."

"아니다! 너를 축복하는 자에게는 내가 복을 내리고 너를 저주하는 사람에게는 나도 저주할 것이다.

이제 세상 모든 사람이 너로 말미암아 복을 얻을 것이다."

아브라함은 자녀가 없는 자신에게 많은 후손을

주시겠다는 하나님의 말씀에 놀랐어요.

아브라함은 하나님을 향한 믿음 가운데

이렇게 결단했어요.

"네 하나님! 지금 떠나겠습니다!"

아브라함은 모든 식구를 데리고 약속의 땅

가나안으로 떠났어요.

"내가 이 땅을 네 자손들에게 줄 것이다!"

가나안의 벧엘에서 아브라함은 제단을 만들고

하나님의 이름을 부르며 예배드렸어요.

그러나 그는 거기서 멈추지 않았어요.

아브라함은 계속 여행하면서 하나님께서

자기에게 주시는 땅을 확인했어요.

하나님의 말씀을 듣고 결단한 아브라함은 자손이 받을 모든 땅을 보았어요.

하나님께서는 아브라함이 깊은 슬픔에 빠져있을 때 그를 부르셨어요.

아브라함을 부르신 하나님께서는 그에게 자손과 새로운 땅을 약속하셨어요.

하나님의 약속과 말씀에 아브라함은 믿음으로 결단하여 길을 떠났어요.

아브라함은 결단하여 슬픔이 가득한 땅에서 떠났고 하나님께서 약속하신 땅을 보았어요.

부르심에 결단하여 떠난 아브라함에게 하나님께서는 수많은 자손도 허락하셨어요.

하나님의 부르심에 우리는 아브라함처럼 결단하는 사람들이 되어야 해요.

결단은 하나님께서 우리를 향해 계획하신 많은 일들 볼 수 있게 해요.

하나님께서 우리를 위해 계획하신 많은 복을 누리게 해요.

하나님의 부르심에 결단한 아브라함은 많은 복을 받았어요.

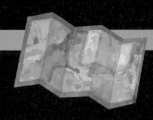

네 지금 믿겠습니다!

예수님을 믿게 된 이승환은 인천에서 고향 강화도로 돌아왔어요.
세례를 받으라는 존스 선교사의 말에 어머니도 예수님을 믿고
자기보다 먼저 세례를 받기를 원했어요.
또 이승환은 술을 파는 일을 하고 있었어요.
하지만 예수님을 믿기에 더 이상 이 일을 하면 안된다고 생각했어요.
그래서 하는 일을 그만 두기로 결단하고 어머니에게 예수님을 전하러 온 것이에요.
사랑하는 어머니에게도 예수님을 전할 생각에 그는 기쁜 마음으로 돌아왔어요

어머니에게 복음을 전하자 예수님을 믿게 되었고 세례도 받기로 했어요
이승환은 기쁜 마음으로 존스 선교사님이 강화도에 오시도록 편지를 보냈어요.
그 소식을 들은 마을의 어르신, 김상임 훈장님은 마을에 서양인이 들어오는 것을 극렬히 반대했어요.
몇 해 전, 강화도는 프랑스와 미국에게, 그리고 일본에게 큰 고통을 당했기 때문이에요
강화도의 사람들은 마을을 불태우고, 사람들을 고통스럽게한 서양인들을 매우 싫어했어요.
김상임 훈장님은 이승환이 서양인을 마을에 들인다는 소문을 듣고 이렇게 겁을 주었어요
"만약 외국인 선교사가 마을에 들어오면 네 집을 불태우겠다!"
어머니께서 선교사님이 베푸시는 세례를 받으려면
선교사님과 어머니를 마을 아닌 곳에서 만나게 할 다른 방법이 필요했어요.
그래서 선교사님이 강화도 땅을 밟고 마을을 지나는 대신 근처 해안가에 배를 정박하고,
이승환이 어머니를 배까지 모시고 가기로 했어요.

이승환은 늙으신 어머니를 등에 업고 어두운 밤 갯벌길을 힘들게 걸어갔어요
갯벌에 깊숙이 발이 빠져 매우 힘들고 위험한 길이었어요.
하지만 이승환은 어머니께 세례를 주기 위해
갯벌가 배 위에서 기다리는 존스 선교사님에게 가야 했어요

예수님을 믿은 이승환과 어머니가 존스 선교사님에 의해 배 위에서 세례를 받게 되었어요.
그리고 그 소식이 온 마을에 퍼졌어요.
마을 사람들은 이승환이 전한 복음을 듣고 결단하여 예수님을 믿었어요.

이승환이 살던 시루미 마을에는 큰 변화가 생겼어요.
지저분하고 싸우고 시끄럽던 마을이 깨끗하고 사랑이 넘치는 곳이 되었어요.
이 사람들의 변화에 많은 사람이 놀라고 신기하게 여겼어요.

김상임 훈장님은 마을에 선교사가 온 적이 없는데 예수님을 믿는 사람들이 늘어나자 궁금해졌어요.
성경을 하나 얻어 읽기 시작했고 믿음이 생겨 예수님을 믿기로 결단했어요.
김상임 훈장님은 오랫동안 고통가운데 있는 강화도의 사람들과 조선 사람들이 평안하기를 바랐어요.
김상임 훈장은 오랫동안 끝내 찾을 수 없던 기쁜소식을 성경에서 찾았어요.
"그래, 예수님의 십자가가 바로 오랫동안 내가 찾던 기쁜소식이었어!!"
우리를 고통에서 구원하시는 분, 예수님을 믿겠습니다! 예수님께서 구주되심을 믿습니다!"

이승환과 어머니, 그리고 김상임 훈장님이
예수님을 믿게 되었다는 소식은 강화도 이곳 저곳에 퍼졌어요.
그리고 강화도의 많은 사람들이 예수님을 믿기로 결단하고 교회로 나왔어요.

부르심에 응답한 이승환과 어머니, 그리고 김상임 훈장님은 믿음으로 결단하여
하나님을 예배하는 새 삶을 살았어요.

순례코칭

네 지금 결단하겠어요!

PIL grimage   아브라함과 이승환의 공통점을 이야기해 봅시다.

	부르심 방법(내용)	결단 내용
아브라함		
이승환		

R esponse   이승환이 세례를 받으라는 권유에 결단한 내용은 무엇입니까?

결단 1

결단 2

I ntegration   하나님의 부르심에 왜 결단이 필요할까요?

2과 부르심에 변화하다

배울 말씀 : 사도행전 9장 1-9절
외울 말씀 : 사도행전 9장 4절

아래 보기에서 알맞은 단어를 찾아 빈 칸을 채워 사도행전 9장 4절
말씀을 완성한 후, 함께 외워요

땅에 엎드러져 들으매
소리가 있어 이르시되
사울아 사울아
네가 어찌하여 나를
○○* 하느냐 하시거늘

사도행전 9장 4절

보기 사랑 자랑 보호 박해

*뜻 : 못 견디게 굴어서 해롭게 하는 것.

네 지금 변하겠습니다!

예수님께서 하늘로 올라가신 후, 마가의 다락방에 모인 제자들에게 예수님이 약속하신 성령님이 오셨어요. 성령님의 임재를 경험한 제자들은 열심히 예수님을 온 세상에 알렸어요. 덕분에 예수님을 믿는 사람들이 아주 많아졌어요.

그러나 유대인들은 예수님을 믿는 사람들은 율법을 어기는 자라고 생각하여 미워하고 핍박했어요. 유대인들에게 복음을 전하다 스데반 집사는 돌에 맞아 순교하게 되었어요.

예루살렘에 사울이라 불리는 바울이 있었어요. 바울은 다른 유대인들처럼 예수님을 믿는 사람들이 율법을 지키지 않는 불법자라 생각해 싫어했어요. 그래서 바울은 예수님 믿는 사람들을 핍박하는 일에 앞장섰어요. 심지어 멀리 다메섹까지 가서 예수님 믿는 사람들을 잡아 벌을 주려 했어요. "제가 다메섹에 가서 예수를 믿고 전하는 모든 사람들을 다 잡아오겠습니다!" 그렇게 예루살렘을 출발한 바울과 사람들이 다메섹에 거의 다 왔을 때였어요.

갑자기 하늘에서 밝은 빛이 비추었어요. 다메섹으로 가던 바울은 너무 밝은 빛 때문에 서 있을 수 없어 눈을 가리고 땅에 엎드렸어요. 그때 하늘로부터 바울에게 한 목소리가 들렸어요 "사울아 사울아 네가 어찌하여 나를 박해하느냐?" 깜짝 놀란 바울이 하늘을 바라보며 물었어요

"주여, 누구십니까?"

"나는 네가 박해하는 예수라!"

바울은 밝은 빛 가운데 예수님의 목소리를 들었어요.

빛을 본 후 앞이 보이지 않게 된 바울은 함께 한 이들의 손에 이끌려 마을로 들어갔어요.

바울은 다메섹에서 보지도 못하고 먹지도 못한 채로 답답한 3일의 시간을 보냈어요.

며칠 후, 하나님의 부름을 받은 아나니아가 바울을 찾아 왔어요.

아나니아는 바울에게 하나님께서 그에게 하신 말씀을 들려주었어요.

"바울은 내 이름을 이방인과 임금들과 이스라엘 자손에게 전하기 위해 택한 나의 그릇이라"

그리고 아나니아가 기도하자 바울은 앞을 보게 되었어요.

바울은 자신에게 일어난 일이 하나님의 부르심이라는 것을 깨달았어요.

그는 예수님이 바로 하나님이시고 자신이 지키고, 믿고, 전해야 할 분임을 깨달았어요.

새로운 믿음으로 눈을 뜬 바울은 예수님을 전하는 사람으로 변화되었어요.

"네 이젠 예수님을 지키고, 모든 사람에게 전하겠습니다!"

바울은 예수님이 찾아오셔서 부르실 때 변화 되었어요.

바울 덕분에 세상 많은 곳에 예수님의 복음이 전해지고

교회가 세워졌어요.

하나님의 부르심에 변화한 바울은
예수님을 전하는 사람이 되었습니다.

토비아 온레캠프 하나님께서 부르세요!

네 지금 변했습니다!

최흥종은 전라도 광주에서 선교사들을 돕고 있었어요.

그는 예수님을 믿었지만, 아직은 어떤 삶이 예수님을 믿는 삶인지 알지 못했어요.

어느 날, 목포로부터 온 포사이드 선교사를 만났어요.

포사이드 선교사는 자기 말에 온통 상처투성이 여인을 태우고 왔어요.

"선교사님! 이렇게 심하게 몸이 상한 여인은 누구인가요?"

"네, 이 여인은 한센병 환자입니다. 길가에 쓰러져 있길래 도와주려고 말에 태워 왔어요."

"네? 한센병 환자요? 병이 옮게 되면 어쩌려고 데리고 오셨어요..?"

한센병은 살이 썩고 감각이 없어지고, 다른 이들에게 옮기는 무서운 전염병이었어요.

그래서 사람들은 한센병 환자들이 마을에 들어오는 것을 싫어했어요..

"이 여인을 길에서 죽게 내버려 둘 수는 없어요. 자 이제 그녀를 말에서 내립시다."

포사이드 선교사는 아무렇지도 않은 듯 그 여인을 감싸 안아 말 위에서 내려주었어요.

그때, 피고름과 더러운 진물이 잔뜩 묻은 여인의 지팡이가 땅에 떨어졌어요.

"최흥종 형제님, 이 지팡이를 집어 주시겠어요?"

최흥종은 이 지팡이를 잡다가 한센병에 걸릴 것 같아 무서웠어요.

그는 머뭇거리며 뒤로 물러섰어요. 더럽기도 했지만, 겁이 났던 거에요.

하지만 그는 곧 부끄러운 마음이 들었어요.

포사이드 선교사의 행동을 보며 예수님의 참사랑이 바로 이런 것이라는 것을 깨달았어요.

그는 자신이 아직 예수님의 사랑을 가지지 못했다는 것을 알았어요.

그는 예수님의 사랑을 제대로 알지 못한 자기의 모습이 부끄러웠어요.

결국 그는 용기를 내어 지팡이를 잡아서 건네주었어요.

그는 예수님의 사랑을 실천하는 사람으로 변화된 것이에요.

최흥종은 나중에 포사이드 선교사가 "지팡이를 집어 주십시오"라고 할 때,

마음 한 구석에서 뜨거운 감동이 올라왔다고 고백했어요.

그 때 최흥종은 성령님을 경험했고, 예수님의 사랑을 체험했어요.

최흥종은 지팡이를 잡으면서 예수님의 사람으로 변화 되었어요.

그리고 한센병의 두려움을 이기고 한센병 환자들을 도우며 그들과 함께 살기로 했어요.

그는 이후에 자신의 전재산을 한센병 환자들을 위한 병원을 세우는 일에 사용했어요.

많은 한센병 환자들이 병원에 모여들었어요. 이곳은 나중에 여수 애양원으로 발전했어요.

최흥종은 한센병 환자를 사랑으로 품으며 그들의 아버지가 되었어요.

한센병 환자들은 그가 죽었을 때 "아버지, 아버지"하며 울었어요.

한센병 환자들을 진심으로 사랑한 최흥종이었어요.

부르심에 응답하여 성령을 경험한 최흥종은
변화해 예수님의 사랑을 나누었어요.

순례코칭

네 지금 변화하겠어요!

PIL grimage 바울과 최흥종의 공통점을 이야기해 봅시다.

	부르심 방법(내용)	결단 내용
바울		
최흥종		

R esponse "지팡이를 들어 주십시오"라는 요청에 대한 최흥종의 마음을 말해봅시다.

지팡이 주인에 대한

지팡이를 본

최흥종의 마음

지팡이를 만지면 어떻게 될 것이라는

지팡이를 잡기로 결단한

I ntegration 바울과 최흥종의 변화 원인을 생각하면서, 나의 변화를 위해 필요한 것은 무엇인지 적어봅시다.

3과 부르심에 도전하다

배울 말씀 : 마태복음 4장 18~22절
외울 말씀 : 마태복음 4장 22절
참고 말씀 : 누가복음 5장 1~11절

성경에서 알맞은 단어를 찾아 빈 칸을 채워
마태복음 4장 22절 말씀을 완성하고 함께 외워요.

그들이 곧  와

 를 버려 두고

예수를

마태복음 4장 22절

네 지금 도전하겠습니다!

"회개하세요! 하나님 나라가 가까이 왔습니다!"

예수님께서는 사역을 시작하시면서 곧 하나님 나라를 전파하셨어요.

예수님께서는 하나님 나라를 더 많이 전하기 위해 제자들을 모으셨어요.

어느 날, 예수님께서는 갈릴리 해변에서 베드로와 안드레 형제를 만나셨어요.

그들은 어부여서 열심히 그물을 바다에 던져 고기를 잡고 있었어요.

그때, 예수님께서는 베드로의 배에 올라가서 사람들에게 말씀을 가르치셨어요.

그리고 베드로에게 깊은 데로 가서 그물을 내려 고기를 잡으라고 명령하셨어요.

베드로가 말했어요

"우리가 밤새 고기를 잡았는데 한 마리도 못 잡았습니다."

예수님이 다시 말씀하셨어요.

"내 말을 믿고 그물을 내려라!"

그러자 그물이 찢길 정도로 많은 물고기가 잡혔어요.

너무 많아 다른 배가 와서 도와줄 정도였어요.

베드로는 이 일이 너무 놀랍고 무서워서 예수님께 고백했어요.

"예수님 저는 나쁜 죄인이니, 여기서 떠나가세요."

하지만 예수님께서는 이렇게 말씀하셨어요.
"나를 따라오세요! 내가 당신을 사람 낚는 어부가 되게 하겠어요!"
예수님의 부르심을 들은 베드로는 자기가 하던 일을 버려두고 예수님을 따라갔어요.
이런 일은 야고보와 요한에게도, 그리고 베드로의 동생 안드레에게도 있었어요.
예수님이 부르실 때 제자들은 새로운 삶에 대한 도전의 마음이 생겼어요.

베드로와 제자들은 평생 물고기만 잡던 어부였어요.
다른 일은 생각지도 않았던 사람들이지요.
어부였던 그들이 하던 일을 버리고 예수님을 따르는 일은 상상도 할 수 없었어요.
그런데 제자들은 예수님의 부르심에 망설임 없이 응답했어요.
예수님께서 말씀하신 사람 낚는 어부가 무엇인지 아직 잘 모르지만,
예수님의 제자가 되는 새로운 삶을 도전할 수 있었어요.
예수님께서는 제자들을 부르실 때 이렇게 마음을 품으셨어요.
'여러분, 내가 가는 길을 함께 할 수 있겠습니까?"
제자들 역시 예수님의 마을을 이해한 듯 같은 마음을 품었어요.
'네 예수님, 지금 도전하겠습니다!'라는 마음이에요.

예수님의 부르심에 도전의 마음을 품은 제자들은
새로운 삶을 향해 나아갔어요.

네 지금 도전하겠습니다!

1891년 미국의 한 신학교에 많은 사람이 모였어요.

이 사람들은 세계 곳곳에 복음 전도의 마음을 품은 사람들이었어요.

조선에서 선교 활동을 하다 미국으로 돌아온 언더우드 선교사님이

조선 선교에 대해서 연설을 하고 있었어요.

언더우드 선교사의 연설이 끝나자, 깔끔하게 차려입은 동양 청년이 올라와 열정적으로 외쳤어요!

"여러분! 조선 땅에 예수 그리스도의 복음을 전해야 합니다. 여러분이 필요합니다!"

여기에 모인 사람들은 사실 조선이 어디에 있는지도 몰랐어요.

조선이 어떤 나라이고, 어떤 사람들이 사는 곳인지 아무것도 알지 못했어요.

하지만, 조선 선교를 향한 부르심을 들은 사람들의 마음은 크게 움직였고,

조선으로 가야한다는 도전을 받았어요.

그들 중에서 시카고에서 신학을 공부하는 루이스 테이트가 큰 도전을 받았어요.

뉴욕에서 온 윌리엄 레이놀즈와 윌리엄 전킨도 마찬가지였어요.

그들은 언더우드와 조선 청년의 말에 크게 감동했고 조선으로 가기로 결심했어요.

이들은 한 잡지에 '우리는 왜 조선에 가고 싶은가?'라는 글을 썼어요.

그들이 쓴 글은 조선에 복음을 전하러 가겠다는 강한 도전정신을 보여 주었어요.

그러자 언더우드 선교사의 형 존 언더우드가 그들의 선교비를 후원해 도왔어요.

그리고 레이놀즈의 아내가 될 팻시 볼링, 테이트의 여동생 매티 테이트, 전킨과 결혼할 메리 레이번,

그리고 리니 데이비스와 같은 여성들이 조선에 복음 전도를 위해 함께 가기로 했어요.

이렇게 해서 조선이라는 낯선 땅에 복음을 전하기 위한 "칠인의 선발대"가 만들어졌어요.

결국 이 일곱 명은 미국 남장로교의 이름으로 조선 선교사로 파송되었어요.

1892년 10월17일 , 일곱 명의 선교사 중 가장 열정적인 리니 데이비스가 제일 먼저 조선에 왔어요.

그리고 한 달 뒤, 11월 3일 나머지 여섯 명의 선교사가 도착했어요.

이어 서울로 집결한 칠인의 선발대는 조선 선교를 위해 착실히 준비를 했어요.

그들은 첫 일 년을 한양에서 보내며 조선의 언어와 문화를 배웠어요

리니 데이비스는 첫 일 년 동안 한양에서 천팔백 명을 전도했어요.

칠인의 선발대는 전라도를 중심으로 복음을 전했어요.

선교사들은 전라도의 여러 도시, 전주, 군산, 광주, 목포, 순천 등을 선교의 거점으로 삼아

교회와 병원 그리고 학교를 세워 복음을 전했어요. 이후 조선 땅 남도에 큰 부흥을 일으켰어요.

부르심에 응답한 선교사들은 새로운 문화와 환경에 도전하여
놀라운 일을 이루었습니다.

순례코칭

네 지금 도전하겠어요!

PIL grimage　제자들과 선교사들을 부르신 내용과 그들의 새로운 도전을 적어봅시다.

	부르심 방법(내용)	결단 내용
제자들		
선교사		

R esponse　선교사들은 조선선교에 도전하면서 어떤 일을 했나요?

조선 출발 전
1.
2.
3.

조선 도착 후
1.
2.
3.

I ntegration　하나님의 부르심에 도전하는 삶을 결정한 제자들과 선교사들은 어떤 결과를 만들었나요?

첫 번째 토비아 순례캠프 - 하나님이 부르세요

추천! 순례지 기념관 & 박물관

서울·경기

강화기독교역사기념관 www.ganghwa.go.kr

강화기독교역사기념관(2022년 개관)은 강화도의 기독교 전래와 성장의 역사를 알기 쉽게 전시되어있다. 전문 해설사의 안내를 통해 전시물의 해설을 자세히 들을 수 있다.

주소: 인천 강화군 강화읍 강화대로154번길 12-21
전화: 032-930-7147~7150
이용: 어른 2,000원 / 어린이 청소년 1,500 (20명 이상 단체 할인), 09:00~18:00
휴관일: 1월1일, 설날 및 추석 당일, 매 주일

전라북도

전주시기독교근대역사기념관 (구바울의학박물관) www.jjchristian.co.kr

전주에서 시작된 남장로교 선교사들의 사역과 전주예수병원의 역사를 살필 수 있다.

주소: 인천 강화군 강화읍 강화대로154번길 12-21
전화: 032-930-7147~7150
이용: 무료(월~토 10:00-17:00)
휴관일: 주일 / 법정공휴일 / 10월7일(개관기념일)

전라남도

오방 최흥종기념관 www.obangmuseum.or.kr

한센병 환자들의 아버지로, 목사이며 교육자로 살아온 최흥종의 삶을 배울 수 있다.

주소: 광주 남구 제중로 64 전화: 062)654-1920
이용: 입장 무료(화요일~주일 09:00~18:00)
휴관일: 1월1일, 매주 월요일, 설날, 추석

전라남도

순천시 기독교역사 박물관

순천스테이션의 역사와 남도 선교의 전체적인 설명을 체계적으로 구성해 놓았다. 주변에 있는 안력산의료문화센터에서 한국 최초의 구급차를 볼 수 있다.

주소: 전남 순천시 매산길 61 전화: 061-749-4530
이용: 입장 무료/ 09:00~18:00 휴관일: 매 주일

1. 순례학습 계획 설정

▶ 순례 캠프 교재와 연관하여 진행할 주제를 선정합니다.

　1권당 3개의 주제, 총 3권 9개의 주제 제공

▶ 순례 캠프를 통해서 다양한 주제를 설정하여 교육할 수 있습니다.

▶ 순례지 선정에 있어 학생들의 상황을 고려합니다.

　(설명 중심인지 체험 중심인지 고려)

2. 순례지 장소 선정

▶ 여러 주제와 관련하여 한 장소를 선정합니다.

　주제와의 연관성, 교회에서의 거리, 이동성 고려

3. 순례지 정보 사전학습 또는 답사

순례지 정보를 사전에 파악합니다.

토비아를 통해서 정보를 얻으실 수 있습니다.

토비아에 당일 순례 진행을 의뢰하실 수 있습니다.

사전 답사를 추천합니다.(토비아 순례진행시 생략 가능)

4. 순례 실시

어린이와 청소년들이 안전하게 진행하도록 합니다.

순례지에서는 경건한 마음을 가지고 임하시고,

　개별적인 행동들을 하지 않도록 합니다.

안내자는 충분한 정보를 준비합니다.(자체 진행시)

학생들에게 체험용 자료를 제공합니다.(토비아 제공)

피드백을 들어봅니다.(당일 또는 주일 성경공부 시간)

5. 주일 교육 운영실시

주일에 공과와 관련된 주제로 설교를 합니다.

순례지와 연결된 과 또는 정해진 주제를 공부합니다.

학생들이 순례지에서 얻은 느낌들을 공유하게 합니다.